Transposição

Orides Fontela

edição brasileira©   Hedra 2023

primeira edição   *Poesia completa* (Hedra, 2015)

edição   Luis Dolhnikof, Jorge Sallum e Rogério Duarte
coedição   Suzana Salama
editor assistente   Luan Maitan e Paulo Henrique Pompermaier
revisão   Luan Maitan e Rogério Duarte
capa   Lucas Kroëff

ISBN   978-85-7715-760-0

Dados Internacionais de Catalogação na Publicação (CIP)
(Câmara Brasileira do Livro: SP, Brasil)

Fontela, Orides, 1940–1998

Transposição. Orides Fontela. 2. ed. São Paulo, SP: Editora Hedra, 2023.

ISBN 978-85-7715-760-0

1. Poesia brasileira I. Título.

23-172918   CDD: B869.1

Elaborado por Eliane de Freitas Leite (CRB-8/ 8415)

Índices para catálogo sistemático:
1. Poesia: Literatura brasileira (B869.1)

*Grafia atualizada segundo o Acordo Ortográfico da Língua
Portuguesa de 1990, em vigor no Brasil desde 2009.*

*Direitos reservados em língua
portuguesa somente para o Brasil*

EDITORA HEDRA LTDA.
Av. São Luís, 187, Piso 3, Loja 8 (Galeria Metrópole)
01046–912 São Paulo SP Brasil
Telefone/Fax +55 11 3097 8304
editora@hedra.com.br

www.hedra.com.br
Foi feito o depósito legal.

Transposição

Orides Fontela

2ª edição

hedra
São Paulo   2023

Orides Fontela (1940-1998) nasceu em São João da Boa Vista, onde concluiu o curso normal e tornou-se professora. Seu primeiro livro, *Transposição* (1969), já nasceu consagrado, com o entusiasmo do parceiro dos bancos escolares Davi Arrigucci Júnior, que incentivou a amiga a publicar e a mudar-se para São Paulo, onde ela estudaria Filosofia na USP. As leituras acadêmicas se combinaram, desde cedo, ao misticismo cristão e à meditação oriental — arranjo que deixou marcas em seus poemas. Seu terceiro livro, *Alba* (1983), conquistou o prêmio Jabuti de Poesia. *Teia* (1996) foi contemplado com o prêmio da Associação Paulista de Críticos de Arte (APCA). Seus poemas foram elogiados, em diversos momentos, por críticos do porte de Antonio Candido, Décio de Almeida Prado, Alcides Villaça, Augusto Massi e José Miguel Wisnik. Esse reconhecimento contribuiu para que a autora, em momentos pontuais, alcançasse mais leitores, mas só recentemente sua obra vem conquistando a atenção que merece.

Transposição (1966-1967) é o primeiro livro de Orides Fontela, publicado originalmente em 1969. Os poemas foram escritos na adolescência e na juventude da escritora, quando ainda morava em São João da Boa Vista. Para organizar e lançar o livro, Orides contou com a ajuda do crítico literário Davi Arrigucci Júnior, naquela época ainda um estudante de literatura, conhecido da escritora desde a infância. Divididos em quatro partes, os poemas de *Transposição* medeiam entre o aqui e o agora e a dimensão essencial, transcendente — ou ainda, "pairam lá em cima", repousam "A um passo impossível", na mesma medida em que estão atentos ao real. Em *Transposição*, Orides Fontela abre a intrincada cadeia de símbolos que marcará o conjunto de sua obra, pontuada pelas imagens associadas à natureza, como a de "Girassol", que dialoga com *Helianto* (1973), e a de "Aurora", que pressagia o futuro *Alba* (1983).

Coleção Metabiblioteca foi pensada para edições anotadas, obras completas ou escolhidas de cânones da literatura em língua portuguesa. Desde estabelecimento de textos até novas hipóteses de leitura, a coleção propõe publicações que vão além do que geralmente é conhecido como vernáculo.

Sumário

Apresentação 9

BASE. .... .15
Transposição 17
Tempo 18
Arabesco 19
Pedra 20
Poema I 21
Meada 22
Ludismo 23
Mãos 24
Salto 25
Laboratório 26
Tato 27
Núcleo 28
Desafio 29
Poema II 30
Diálogo 31
Quadros 32
Série 34

(–). .... .35
Fala 37
Pouso 38
Rosa 39
Meio-dia 40
Revelação 41

Ode I 42
Destruição 43
Torres 44
Coros 45
Círculos 46
Claustro 47
Múmia 48
Caramujo 49
Rota 50
Notícia 51
Acalantos 52

(+) 55
Ode II 57
Ode III 58
Lavra 59
Voo 60
Vermelho 61
Girassol 62
Gesto 63
Sensação 64
Fronde 65
Luz 66
Aurora 67
Média 68
Reflexo 69

FIM 71
Questões 73
Sede 74
Fluxo 75
Rebeca 76
O nome 77

O equilibrista..78
Advento 79
Estrela..80
Dispersão 81
A estátua jacente 82

Apresentação
Tudo é remate e começo

Nascida em São João da Boa Vista, no ano de 1940, em ambiente familiar estável e acolhedor, apesar das dificuldades financeiras, Orides Fontela escrevia desde a infância. Na escola tinha o hábito de versejar quadrinhas e, ainda na adolescência, vinha reunindo sua produção poética. Aos 25 anos, quando publicou "Elegia" em um jornal da cidade, foi procurada pelo jovem Davi Arrigucci Júnior, seu colega dos bancos escolares que estudava literatura na antiga Faculdade de Filosofia, Ciências e Letras (FFCL) da USP e já publicava resenhas no Suplemento Literário do *Estado de São Paulo*.

A TRANSPOSIÇÃO

Entusiasmado com os poemas que Orides guardava em um fichário, ele se dispôs a ajudá-la a publicar alguns deles no que seria a primeira edição de *Transposição*, de 1969, quando a autora já morava em São Paulo e cursava Filosofia na agora chamada Faculdade de Filosofia, Letras e Ciências Humanas (FFLCH). Mesmo antes da publicação, sua poesia tinha sido bem recebida graças à intermediação de Davi, que apresentara "Elegia", "Meada" e "Destruição" a José Aderaldo Castello, Antonio Candido e Décio de Almeida Prado.

Na epígrafe de *Transposição*, em versos da própria poeta, o lugar do eu e de sua poesia — *o aqui e o agora da realidade* — repousa "a um passo" do próprio espírito e de Deus. A transposição estaria na passagem do existir, da materialidade concreta do poema, à inefabilidade do que é imaterial: ponto de partida profícuo para a leitura do conjunto, dividido em quatro partes.

A primeira parte do livro, *Base*, contém os fundamentos da poética de Orides. Especialmente o poema de abertura, homônimo ao título do livro, configura uma espécie de nascimento da poeta dos átimos, flor em botão de *coresinstantes*. Destaquem-se aí, ainda, "Tempo", em que a expressão individual da palavra cavalga o fluxo do indistinto universal; "Arabesco", arranjo de caos e padrão; e "Ludismo", jogo de poesia.

PERDAS E ACRÉSCIMOS

O símbolo que intitula a segunda parte é *(−)*, de modo a eleger a subtração como procedimento dominante: são poemas de perda. O primeiro deles já anuncia que "Toda palavra é crueldade", que o próprio processo de enunciação é duro e "Não há piedade nos signos/ e nem no amor". Esse *incipit* da rijeza pungente do signo se desdobra na morte do nome da flor em "Rosa", na impossibilidade de viver a vida em completa lucidez de "Meio-dia" e se fecha nos "Acalantos", em que se esvaem as formas e a consciência.

Esses extravios se invertem nas somas da terceira parte, *(+)*. Efemeridades que a poeta procura apreender, como no céu de "Reflexo", que guarda a "eternidade no tempo", em paradoxo similar ao do amor que se define pela imortalidade do instante, na "Ode II". "Quero expressar a flor/ e o girassol me escolhe" são os primeiros versos de "Girassol", que pressagiam o livro *Helianto*, publicado em 1973.

O EFÊMERO

Talvez um traço fundamental da poesia de Orides seja a tentativa de reter o que é ao mesmo tempo fugidio e imperecível. Daí a "especulação teológica" (a expressão é de Alcides Villaça) que se manifesta de maneira flagrante na quarta parte, *Fim*.

Curioso é que aqui tudo é remate e começo. As "Questões" reverberam na busca por respostas que a natureza pode dar: a água de "Sede", a fonte de "Fluxo", a própria vida. Depois a convicção da importância de nomear, gênese de tudo: "A escolha do nome: eis/ o segredo", no poema "O nome"; a elevação do olhar para a "Estrela"; e a conclusão inevitável em "A estátua jacente". "A palavra vencida/ e para sempre inesgotável".

PARA TERMINAR OU COMEÇAR

Em linhas gerais, *Transposição* vibra a corda da passagem da elevação ao rés do chão. E o processo mesmo do título se condensa no conjunto dos poemas, da poética de base às supressões de desapontamento e acréscimos de ascese, tudo convergindo nas meditações finais.

Dos editores

A um passo de meu próprio espírito
A um passo impossível de Deus.
Atenta ao real: aqui.
Aqui aconteço.

Base

Transposição

Na manhã que desperta
o jardim não mais geometria
é gradação de luz e aguda
descontinuidade de planos.

Tudo se recria e o instante
varia de ângulo e face
segundo a mesma vidaluz
que instaura jardins na amplitude

que desperta as flores em várias
coresinstantes e as revive
jogando-as lucidamente
em transposição contínua.

Tempo

O fluxo obriga
qualquer flor
a abrigar-se em si mesma
sem memória.

O fluxo onda ser
impede qualquer flor
de reinventar-se em
flor repetida.

O fluxo destrona
qualquer flor
de seu agora vivo
e a torna em sono.

O universofluxo
repele
entre as flores estes
cantosfloresvidas.

— Mas eis que a palavra
cantoflorvivência
re-nascendo perpétua
obriga o fluxo

cavalga o fluxo num milagre
de vida.

Arabesco

A geometria em mosaico
cria o texto labirinto
intrincadíssimos caminhos
complexidades nítidas.

A geometria em florido
plano de minúcias vivas
a geometria toda em fuga
e o texto como em primavera.

A ordem transpondo-se em beleza
além dos planos no infinito
e o texto pleno indecifrado
em mosaico flor ardendo.

O caos domado em plenitude
                              a primavera.

Pedra

A pedra é transparente:
o silêncio se vê
em sua densidade.

(Clara textura e verbo
definitivo e íntegro
a pedra silencia).

O verbo é transparente:
o silêncio o contém
em pura eternidade.

Poema I

O sol novifluente
transfigura a vivência:
outra figura nasce
e subsiste, plena.

É um renascer contínuo
que nela se inaugura:
vida nunca acabada
tentando o absoluto.

Espírito nascido
das águas intranquilas
verbo fixado: sol
novifluente.

Meada

Uma trança desfaz-se:
calmamente as mãos
soltam os fios
inutilizam
o amorosamente tramado.

Uma trança desfaz-se:
as mãos buscam o fundo
da rede inesgotável
anulando a trama
e a forma.

Uma trança desfaz-se:
as mãos buscam o fim
do tempo e o início
de si mesmas, antes
da trama criada.

As mãos
destroem, procurando-se
antes da trança e da memória.

Ludismo

Quebrar o brinquedo
é mais divertido.

As peças são outros jogos
construiremos outro segredo.
Os cacos são outros reais
antes ocultos pela forma
e o jogo estraçalhado
se multiplica ao infinito
e é mais real que a integridade: mais lúcido.

Mundos frágeis adquiridos
no despedaçamento de um só.
E o saber do real múltiplo
e o sabor dos reais possíveis
e o livre jogo instituído
contra a limitação das coisas
contra a forma anterior do espelho.

E a vertigem das novas formas
multiplicando a consciência
e a consciência que se cria
em jogos múltiplos e lúcidos
até gerar-se totalmente:
no exercício do jogo
esgotando os níveis do ser.

Quebrar o brinquedo ainda
é mais brincar.

Mãos

Com as mãos nuas
lavrar o campo:

as mãos se ferindo
nos seres, arestas
da subjacente unidade

as mãos desenterrando
luzesfragmentos
do anterior espelho

Com as mãos nuas
lavrar o campo:

desnudar a estrela essencial
sem ter piedade do sangue.

Salto

I

Momento
despreendido da forma

salto buscando
o além
do momento.

II

Desvitalizar a forma
des — fazer
des — membrar

e — além da estrutura —
viver o puro ato
inabitável.

Laboratório

Des — armamos o fato
para — pacientemente —
re — generarmos a estrutura

ser nascido do que
apenas acontece.

Re — fazemos a vida.

Tato

    Mãos tateiam
    palavras
    tecido
    de formas.

    Tato no escuro das palavras
    mãos capturando o fato
    texto e textura: afinal
    matéria.

Núcleo

Aprender a ser terra
e, mais que terra, pedra
nuclear diamante
cristalizando a palavra.

A palavra definitiva.
A palavra áspera e não plástica.

Desafio

Contra as flores que vivo
contra os limites
contra a aparência a atenção pura
constrói um campo sem mais jardim
que a essência.

Poema II

Ser em espelho
fluxo detido
ante si mesmo

lucidez.

Diálogo

Variável asa lúcida
tramando verbos véus
de sentido humano nas
coisas

lúcida sede in
expressa inesgotável
prospecção infecunda
do segredo

texto ato humanidade
variável asa diálogo
entre o verbo e o real
inefável.

Quadros

I

O círculo em torno
do ato:

lisa superfície
da esfera
do oceano concreto
impenetrável

— a verbalização do sangue.

II

Um nódulo cego
e a luz destacando-o
num espaço total
vivo e infinito.

Um nódulo cego
e a luz contornando-o
luz densa gerando um plano
cruel e nítido.

Um nódulo cego
e a luz que o transpassa
definindo seu ser
sem diluí-lo.

III

Livres fragmentos:
cores sons figuras
em dispersão lúcida

vertigem

Livres fragmentos:
constelações em fuga
dissonância.

Livres fragmentos
e a livre unidade
livremente aceita

(jogo maior
além da infância).

Série

Primeiro
o apelo
(paralela a palavra
ao universo).

Depois
invocadas potências
formas se tramam puro
mapa lúdico.

Enfim
conclusão do ato
o amor ser possível
amanhece
lúcido.

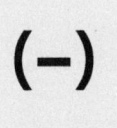

(–)

Fala

Tudo
será difícil de dizer:
a palavra real
nunca é suave.

Tudo será duro:
luz impiedosa
excessiva vivência
consciência demais do ser.

Tudo será
capaz de ferir. Será
agressivamente real.
Tão real que nos despedaça.

Não há piedade nos signos
e nem no amor: o ser
é excessivamente lúcido
e a palavra é densa e nos fere.

(Toda palavra é crueldade.)

Pouso

Ó pássaro, em minha mão
encontram-se
tua liberdade intacta
minha aguda consciência.

Ó pássaro, em minha mão
teu canto
de vitalidade pura
encontra a minha humanidade.

Ó pássaro, em minha mão
pousado
será possível cantarmos
em uníssono

se és o raro pouso
do sentimento vivo
e eu, pranto vertido
na palavra?

Rosa

Eu assassinei o nome
da flor
e a mesma flor forma complexa
simplifiquei-a no símbolo
(mas sem elidir o sangue).

Porém se unicamente
a palavra FLOR — a palavra
em si é humanidade
como expressar mais o que
é densidade inverbal, viva?

(A ex-rosa, o crepúsculo
o horizonte.)

Eu assassinei a palavra
e tenho as mãos vivas em sangue.

Meio-dia

Ao meio-dia a vida
é impossível.

A luz destrói os segredos:
a luz é crua contra os olhos
ácida para o espírito.

A luz é demais para os homens.
(Porém como o saberias
quando vieste à luz
de ti mesmo?)

Meio-dia! Meio-dia!
A vida é lúcida e impossível.

Revelação

A porta está aberta
como se hoje fosse infância
e as coisas não guardassem pensamentos
formas de nós nelas inscritas.

A porta está aberta. Que sentido
tem o que é original e puro?
Para além do que é humano o ser se integra
e a porta fica aberta. Inutilmente.

Ode I

O real? A palavra
coisa humana
humanidade
penetrou no universo e eis que me entrega
tão-somente uma rosa.

Destruição

A coisa contra a coisa:
a inútil crueldade
da análise. O cruel
saber que despedaça
o ser sabido.

A vida contra a coisa:
a violentação
da forma, recriando-a
em sínteses humanas
sábias e inúteis.

A vida contra a vida:
a estéril crueldade
da luz que se consome
desintegrando a essência
inutilmente.

Torres

Construir torres abstratas
porém a luta é real. Sobre a luta
nossa visão se constrói. O real
nos doerá para sempre.

Coros

Coros pungentes
cores
do crepúsculo

ser perdido em
vozesfragmentos

arestas

violação
de um só silêncio
lúcido.

Círculos

Há uma lua
luz
além
do círculo dia

há uma lua
outro círculo.

Claustro

Célula
onde nenhuma palma
contempla
na fria aridez o rosto
pacificado

solidão sem imagens
para sempre.

Múmia

Liana
liame
linho.

Voltas e mais voltas
apertadas voltas
concêntricas.

Brancas espirais
tela branca
unguento incenso contundentes
aromas.

Lianas
liames da espera
incubando o sono.

Linho indizível
branco:
branco arcaico em torno
de nada.

Caramujo

A superfície
suave convexa
não revela seu dentro:
apenas brilha.

A entrada
estreita abóbada
é sóbria sombria
gruta.

A sequência
rampa enovelada
se estreita num pasmo
labiríntico.

O fim
limite íntimo
nada é além de si mesmo
ponto último.

A saída
é a volta.

Rota

Há um rumo intacto, uma
absoluta aridez
na ave que repousa. Nela
o repouso é a rota: não há mais
necessidade de voo.

Notícia

Não mais sabemos do barco
mas há sempre um náufrago:
um que sobrevive
ao barco e a si mesmo
para talhar na rocha
a solidão.

Acalantos

I

Perde-se a forma no silêncio
e a cor não é mais palavra
da plasticidade viva:
coisas que eram reais e belas.

O sono
oblitera o real: o olho se cala
na indistinção final dos rumos.

II

Não saber não saber não saber não saber
ser consumida
por tempo neutro
espaço arrítmico
onde o sangue do ser
não me pertence.

III

Água constelada
entre as mãos incertas

e as estrelas derramadas no tempo.

IV

Um pequeno lago
sem sabor de forma
um centro repouso
sem nada
sem fundo
lago olho oculto
no sono.

(+)

Ode II

O amor, imor
talidade do instante
totalização da forma
em ato vivo: obscura
força refazendo o ser.

O amor, momen
to do ser refletido
eternamente pelo espírito.

Ode III

Pouco é viver
mas pesa
como todo o ser
como toda a luz
como a concentração do tempo.

Lavra

A semente em seu sulco
e o tempo vivo.

A semente em seu sulco
e a vida rítmica fluindo
para a realização do fruto.

Voo

Flecha ato não verbo
impulso puro
corta o instante
e faz-se a vida
em acontecer tão frágil

lucidez breve
do movimento
acontecido.

Vermelho

Tensão da rosa em
sábia maturidade
vermelhocéu contido
no máximo horizonte.

Tensão do horizonte em
vermelho rosa transposto
sábia rosa em seu
maduro silêncio.

Girassol

Quero expressar a flor
e o girassol me escolhe:
helianto bizâncio ouro luz
                      ouro ouro

Variando de horizonte
porém sempre
audazmente fiel
fitando a luz intensamente

o girassol me escolhe:
adoração dourada
fixação tranquila
calor lúcido.

Flor para sempre e muito mais
que flor.

Gesto

Palma
imóvel
verde

insistente verde
ânsia verde calma.

Silêncio insistindo
na unidade cega.

Existência em frio
esplendor aberto

Gesto na luz fixo
ânsia verde calma

Palma
imóvel
vida

Palma imóvel. Palma.

Sensação

Vejo cantar o pássaro
toco este canto com meus nervos
seu gosto de mel. Sua forma
gerando-se da ave
como aroma.

Vejo cantar o pássaro e através
da percepção mais densa
ouço abrir-se a distância
como rosa
em silêncio.

Fronde

Vida aberta sem ritmo
multiplicada em
mil lâminas abertas
mil lâminas vivendo a luz

lâminas sob a luz
como sentidos.

Luz

A lâmpada sus
pensa, milagre

inatingível suspensa
horizonte.

Nós a olhamos fascinados.

Aurora

Madrugada
negação da vertigem
redescoberta infinita
da luz.

Madrugada
figura limpa da unidade.

Média

Meia lua.
Meia palavra.
Meia vida.

Não basta?

Reflexo

O lago em círculo
círculo água
céu apreendido
eternidade no tempo.

Fim

Questões

A

O
fruto
arquitetado:
como o sermos?

B

Difícil o real.
O real fruto.
Como, através
da forma
distingui-lo?

C

Aguda
a
luz
sem forma
do que somos.
Como, sem vacilações
vivê-la?

Sede

I

Beber a hora
beber a água
embriagar-se
com água apenas.

II

Água? É só isso
que purifica.

III

Fonte maior
e não oculta
fonte sem Narciso
nem flores.

IV

Bendita a sede
por arrancar nossos olhos
da pedra.

Bendita a sede
por ensinar-nos a pureza
da água.

Bendita a sede
por congregar-nos em torno
da fonte.

Fluxo

A gênese das águas
é secreta e infinita
entre as pedras se esconde
de toda contemplação.
A gênese das águas
e em si mesma.

....

O movimento das águas
é caminho inconsciente
mutação contínua
nunca terminada.

É caminho vital
de si mesma.

....

O fim das águas
é dissolução e espelho
morte de todo o ritmo
em contemplação viva.

Consciencialização
de si mesma.

Rebeca

A moça de cântaro e seu
gesto essencial: dar água.

O nome

A escolha do nome: eis tudo.

O nome circunscreve
o novo homem: o mesmo,
repetição do humano
no ser não nomeado.

O homem em branco, virgem
da palavra
é ser acontecido:
sua existência nua
pede o nome.

Nome
branco sagrado que não
define, porém aponta:
que o aproxima de nós
marcado do verbo humano.

A escolha do nome: eis
o segredo.

O equilibrista

Essencialmente equilíbrio:
nem máximo nem mínimo.

Caminho determinado
movimentos precisos sempre
medo controlado máscara
de serenidade difícil.

Atenção dirigida olhar reto
pés sobre o fio sobre a lâmina
ser numa só ideia nítida
equilíbrio. Equilíbrio.

Acaba a prova? Só quando
o trapézio oferece o voo
e a queda possível desafia
a precisão do corpo todo.

Acaba a prova se a aventura
inda mais aguda se mostra
mortal intensa desumana
desequilíbrio essencialmente.

Advento

Deste tempo múltiplo
o que nascerá?

Da onda
rítmica
amplitude
da intensidade
amorfa
ritmicamente esfacelada

do múltiplo que um
mais que tempo virá
e que luz haverá além
do tempo?

Estrela

Sobre a paisagem um ponto
de luz cósmica completa
e cena fixa
que não a encerra.

A estrela completa
a unidade em que
não habita.

Dispersão

As aves se dispersaram
em céus mais infinitos

criaram distâncias exatas
linhas puras de ser no tempo

fugiram em palpitações
de nitidez absoluta

além da aparência perderam-se
intactas, na existência.

A estátua jacente

I

Contido
em seu livre abandono
um dinamismo se alimenta
de sua contenção pura.

Jacente
uma atmosfera cerca
de tal força o silêncio

como se jacente guardasse
o gesto total do segredo.

II

O jacente
é mais que um morto: habita
tempos não sabidos
de mortos e vivos.

O jacente
ressuscitado para o silêncio
possui-se no ser
e nos habita.

III

Vemos somente o repouso
como uma face neutra
além de tudo o que
significa.

(Mas se nos víssemos
no verbo totalizado
— forma que se concentra
além de nós —

(Mas se nos víssemos
na contenção do ser
o repouso seria
expressão nítida.)

Vemos apenas
repouso:
contenção da palavra
no silêncio.

IV

Jaz
sobre o real o gesto
inútil: esta palma.

A palavra vencida
e para sempre inesgotável.

COLEÇÃO «HEDRA EDIÇÕES»

1. *A metamorfose*, Kafka
2. *O príncipe*, Maquiavel
3. *Jazz rural*, Mário de Andrade
4. *O chamado de Cthulhu*, H. P. Lovecraft
5. *Ludwig Feuerbach e o fim da filosofia clássica alemã*, Friederich Engels
6. *Hino a Afrodite e outros poemas*, Safo de Lesbos
7. *Præterita*, John Ruskin
8. *Manifesto comunista*, Marx e Engels
9. *Rashômon e outros contos*, Akutagawa
10. *Memórias do subsolo*, Dostoiévski
11. *Teogonia*, Hesíodo
12. *Trabalhos e dias*, Hesíodo
13. *O contador de histórias e outros textos*, Walter Benjamin
14. *Diário parisiense e outros escritos*, Walter Benjamin
15. *Fábula de Polifemo e Galateia e outros poemas*, Góngora
16. *Pequenos poemas em prosa*, Baudelaire
17. *Ode ao Vento Oeste e outros poemas*, Shelley
18. *Poemas*, Byron
19. *Sonetos*, Shakespeare
20. *Cântico dos cânticos*, [Salomão]
21. *Balada dos enforcados e outros poemas*, Villon
22. *Ode sobre a melancolia e outros poemas*, Keats
23. *Robinson Crusoé*, Daniel Defoe
24. *Dissertação sobre as paixões*, David Hume
25. *A morte de Ivan Ilitch*, Liev Tolstói
26. *Don Juan*, Molière
27. *Contos indianos*, Mallarmé
28. *Triunfos*, Petrarca
29. *O retrato de Dorian Gray*, Wilde
30. *A história trágica do Doutor Fausto*, Marlowe
31. *Os sofrimentos do jovem Werther*, Goethe
32. *Dos novos sistemas na arte*, Maliévitch
33. *Metamorfoses*, Ovídio
34. *Micromegas e outros contos*, Voltaire
35. *O sobrinho de Rameau*, Diderot
36. *Carta sobre a tolerância*, Locke
37. *Discursos ímpios*, Sade
38. *Dao De Jing*, Lao Zi
39. *O fim do ciúme e outros contos*, Proust
40. *Fé e saber*, Hegel
41. *Joana d'Arc*, Michelet
42. *Livro dos mandamentos: 248 preceitos positivos*, Maimônides
43. *Eu acuso!*, Zola | *O processo do capitão Dreyfus*, Rui Barbosa
44. *Apologia de Galileu*, Campanella
45. *Sobre verdade e mentira*, Nietzsche
46. *A vida é sonho*, Calderón
47. *Sagas*, Strindberg
48. *O mundo ou tratado da luz*, Descartes
49. *A vênus das peles*, Sacher-Masoch
50. *Escritos sobre arte*, Baudelaire
51. *Americanismo e fordismo*, Gramsci
52. *Sátiras, fábulas, aforismos e profecias*, Da Vinci
53. *O cego e outros contos*, D.H. Lawrence
54. *Imitação de Cristo*, Tomás de Kempis

55. *O casamento do Céu e do Inferno*, Blake
56. *Flossie, a Vênus de quinze anos*, [Swinburne]
57. *Teleny, ou o reverso da medalha*, [Wilde et al.]
58. *A filosofia na era trágica dos gregos*, Nietzsche
59. *No coração das trevas*, Conrad
60. *Viagem sentimental*, Sterne
61. *Arcana Cœlestia e Apocalipsis revelata*, Swedenborg
62. *Saga dos Volsungos*, Anônimo do séc. XIII
63. *Um anarquista e outros contos*, Conrad
64. *A monadologia e outros textos*, Leibniz
65. *Cultura estética e liberdade*, Schiller
66. *Poesia basca: das origens à Guerra Civil*
67. *Poesia catalã: das origens à Guerra Civil*
68. *Poesia espanhola: das origens à Guerra Civil*
69. *Poesia galega: das origens à Guerra Civil*
70. *O pequeno Zacarias, chamado Cinábrio*, E.T.A. Hoffmann
71. *Um gato indiscreto e outros contos*, Saki
72. *Viagem em volta do meu quarto*, Xavier de Maistre
73. *Hawthorne e seus musgos*, Melville
74. *Feitiço de amor e outros contos*, Ludwig Tieck
75. *O corno de si próprio e outros contos*, Sade
76. *Investigação sobre o entendimento humano*, Hume
77. *Sobre os sonhos e outros diálogos*, Borges | Osvaldo Ferrari
78. *Sobre a filosofia e outros diálogos*, Borges | Osvaldo Ferrari
79. *Sobre a amizade e outros diálogos*, Borges | Osvaldo Ferrari
80. *A voz dos botequins e outros poemas*, Verlaine
81. *Gente de Hemsö*, Strindberg
82. *Senhorita Júlia e outras peças*, Strindberg
83. *Correspondência*, Goethe | Schiller
84. *Poemas da cabana montanhesa*, Saigyô
85. *Autobiografia de uma pulga*, [Stanislas de Rhodes]
86. *A volta do parafuso*, Henry James
87. *Carmilla — A vampira de Karnstein*, Sheridan Le Fanu
88. *Pensamento político de Maquiavel*, Fichte
89. *Inferno*, Strindberg
90. *Contos clássicos de vampiro*, Byron, Stoker e outros
91. *O primeiro Hamlet*, Shakespeare
92. *Noites egípcias e outros contos*, Púchkin
93. *Jerusalém*, Blake
94. *As bacantes*, Eurípides
95. *Emília Galotti*, Lessing
96. *Viagem aos Estados Unidos*, Tocqueville
97. *Émile e Sophie ou os solitários*, Rousseau
98. *A fábrica de robôs*, Karel Tchápek
99. *Sobre a filosofia e seu método — Parerga e paralipomena (v. II, t. 1)*, Schopenhauer
100. *O novo Epicuro: as delícias do sexo*, Edward Sellon
101. *Sobre a liberdade*, Mill
102. *A velha Izerguil e outros contos*, Górki
103. *Pequeno-burgueses*, Górki
104. *Primeiro livro dos Amores*, Ovídio
105. *Educação e sociologia*, Durkheim
106. *A nostálgica e outros contos*, Papadiamántis
107. *Lisístrata*, Aristófanes
108. *A cruzada das crianças/ Vidas imaginárias*, Marcel Schwob
109. *O livro de Monelle*, Marcel Schwob
110. *A última folha e outros contos*, O. Henry
111. *Romanceiro cigano*, Lorca

112. *Sobre o riso e a loucura*, [Hipócrates]
113. *Ernestine ou o nascimento do amor*, Stendhal
114. *Odisseia*, Homero
115. *O estranho caso do Dr. Jekyll e Mr. Hyde*, Stevenson
116. *Sobre a ética — Parerga e paralipomena (v. II, t. II)*, Schopenhauer
117. *Contos de amor, de loucura e de morte*, Horacio Quiroga
118. *A arte da guerra*, Maquiavel
119. *Elogio da loucura*, Erasmo de Rotterdam
120. *Oliver Twist*, Charles Dickens
121. *O ladrão honesto e outros contos*, Dostoiévski
122. *Sobre a utilidade e a desvantagem da história para a vida*, Nietzsche
123. *Édipo Rei*, Sófocles
124. *Fedro*, Platão
125. *A conjuração de Catilina*, Salústio
126. *Escritos sobre literatura*, Sigmund Freud
127. *O destino do erudito*, Fichte
128. *Diários de Adão e Eva*, Mark Twain
129. *Diário de um escritor (1873)*, Dostoiévski
130. *Perversão: a forma erótica do ódio*, Stoller
131. *Explosao: romance da etnologia*, Hubert Fichte

COLEÇÃO «METABIBLIOTECA»

1. *O desertor*, Silva Alvarenga
2. *Tratado descritivo do Brasil em 1587*, Gabriel Soares de Sousa
3. *Teatro de êxtase*, Pessoa
4. *Oração aos moços*, Rui Barbosa
5. *A pele do lobo e outras peças*, Artur Azevedo
6. *Tratados da terra e gente do Brasil*, Fernão Cardim
7. *O Ateneu*, Raul Pompeia
8. *História da província Santa Cruz*, Gandavo
9. *Cartas a favor da escravidão*, Alencar
10. *Pai contra mãe e outros contos*, Machado de Assis
11. *Crime*, Luiz Gama
12. *Direito*, Luiz Gama
13. *Democracia*, Luiz Gama
14. *Liberdade*, Luiz Gama
15. *A escrava*, Maria Firmina dos Reis
16. *Contos e novelas*, Júlia Lopes de Almeida
17. *Transposição*, Orides Fontela
18. *Iracema*, Alencar
19. *Auto da barca do Inferno*, Gil Vicente
20. *Poemas completos de Alberto Caeiro*, Pessoa
21. *A cidade e as serras*, Eça
22. *Mensagem*, Pessoa
23. *Utopia Brasil*, Darcy Ribeiro
24. *Bom Crioulo*, Adolfo Caminha
25. *Índice das coisas mais notáveis*, Vieira
26. *A carteira de meu tio*, Macedo
27. *Elixir do pajé — poemas de humor, sátira e escatologia*, Bernardo Guimarães
28. *Eu*, Augusto dos Anjos
29. *Farsa de Inês Pereira*, Gil Vicente
30. *O cortiço*, Aluísio Azevedo
31. *O que eu vi, o que nós veremos*, Santos-Dumont

32. *Poesia Vaginal*, Glauco Mattoso

COLEÇÃO «QUE HORAS SÃO?»

1. *Lulismo, carisma pop e cultura anticrítica*, Tales Ab'Sáber
2. *Crédito à morte*, Anselm Jappe
3. *Universidade, cidade e cidadania*, Franklin Leopoldo e Silva
4. *O quarto poder: uma outra história*, Paulo Henrique Amorim
5. *Dilma Rousseff e o ódio político*, Tales Ab'Sáber
6. *Descobrindo o Islã no Brasil*, Karla Lima
7. *Michel Temer e o fascismo comum*, Tales Ab'Sáber
8. *Lugar de negro, lugar de branco?*, Douglas Rodrigues Barros
9. *Machismo, racismo, capitalismo identitário*, Pablo Polese
10. *A linguagem fascista*, Carlos Piovezani & Emilio Gentile
11. *A sociedade de controle*, J. Souza; R. Avelino; S. Amadeu (orgs.)
12. *Ativismo digital hoje*, R. Segurado; C. Penteado; S. Amadeu (orgs.)
13. *Desinformação e democracia*, Rosemary Segurado
14. *Labirintos do fascismo, vol. 1*, João Bernardo
15. *Labirintos do fascismo, vol. 2*, João Bernardo
16. *Labirintos do fascismo, vol. 3*, João Bernardo
17. *Labirintos do fascismo, vol. 4*, João Bernardo
18. *Labirintos do fascismo, vol. 5*, João Bernardo
19. *Labirintos do fascismo, vol. 6*, João Bernardo

COLEÇÃO «MUNDO INDÍGENA»

1. *A árvore dos cantos*, Pajés Parahiteri
2. *O surgimento dos pássaros*, Pajés Parahiteri
3. *O surgimento da noite*, Pajés Parahiteri
4. *Os comedores de terra*, Pajés Parahiteri
5. *A terra uma só*, Timóteo Verá Tupã Popyguá
6. *Os cantos do homem-sombra*, Patience Epps e Danilo Paiva Ramos
7. *A mulher que virou tatu*, Eliane Camargo
8. *Crônicas de caça e criação*, Uirá Garcia
9. *Círculos de coca e fumaça*, Danilo Paiva Ramos
10. *Nas redes guarani*, Valéria Macedo & Dominique Tilkin Gallois
11. *Os Aruaques*, Max Schmidt
12. *Cantos dos animais primordiais*, Ava Ñomoandyja Atanásio Teixeira
13. *Não havia mais homens*, Luciana Storto

COLEÇÃO «NARRATIVAS DA ESCRAVIDÃO»

1. *Incidentes da vida de uma escrava*, Harriet Jacobs
2. *Nascidos na escravidão: depoimentos norte-americanos*, WPA
3. *Narrativa de William W. Brown, escravo fugitivo*, William Wells Brown

COLEÇÃO «ANARC»

1. *Sobre anarquismo, sexo e casamento*, Emma Goldman
2. *Ação direta e outros escritos*, Voltairine de Cleyre

3. *O indivíduo, a sociedade e o Estado, e outros ensaios*, Emma Goldman
4. *O princípio anarquista e outros ensaios*, Kropotkin
5. *Os sovietes traídos pelos bolcheviques*, Rocker
6. *Escritos revolucionários*, Malatesta
7. *O princípio do Estado e outros ensaios*, Bakunin
8. *História da anarquia (vol. 1)*, Max Nettlau
9. *História da anarquia (vol. 2)*, Max Nettlau
10. *Entre camponeses*, Malatesta
11. *Revolução e liberdade: cartas de 1845 a 1875*, Bakunin
12. *Anarquia pela educação*, Élisée Reclus

Adverte-se aos curiosos que se imprimiu este livro na gráfica Meta
Brasil, em 30 de outubro de 2023em papel pólen soft, em tipologia
Minion Pro e Formular, com diversos sofwares livres, entre eles,
LuaLaTeX, git.
(v. 8af273f)